L'ORACLE

FEMME TOTEM

SOMMAIRE

• ORACLE & TIRAGES

• HISTOIRE

• SIGNIFICATION DES CARTES

— Composition de —
L'ORACLE

33 Cartes

« FEMME TOTEM »

33 Cartes

« POUVOIR »

À qui est-il destiné ?

Cet oracle est destiné aux femmes en quête d'épanouissement. Débutante ou experte, ce jeu de cartes est avant tout un **outil de développement personnel** conçu pour vous accompagner sur **le chemin du bonheur**. Que votre tirage soit un signe de la vie, du divin ou du hasard, chacune est libre d'y déposer ses croyances et sa propre spiritualité.

À quoi sert-il ?

Chaque tirage effectué vous aide à prendre **conscience de vos besoins émotionnels, énergétiques, physiques ou mentaux.**

La carte tirée traduit ce qui se passe à l'intérieur de vous. **Elle met en lumière la ressource** que vous devez développer ou sur laquelle vous pouvez vous appuyer.

Cet oracle vous invite à **commencer une réflexion pour améliorer votre bien-être** ou tout simplement à **retrouver de l'énergie.** Il est en quelque sorte un outil de conversation avec vous-même. Ayez confiance en sa lecture mais également en vos propres capacités à avancer.

Quand l'utiliser ?

Dès que vous en avez envie. Si vous ressentez un besoin de soutien dans votre quotidien ou d'avoir une énergie supplémentaire, c'est le moment.

L'idéal est de faire un tirage en début de journée, de semaine ou de mois.

La Femme TOTEM® piochée vous accompagnera ainsi à chaque nouveau départ.

Comment faire un tirage ?

1

Déposez les cartes "Femme TOTEM®" et "POUVOIR" en deux tas bien distincts devant vous.

2

Prenez les cartes "Femme TOTEM®" et mélangez-les. Concentrez votre attention sur vos sensations de l'instant présent. Si une carte tombe du paquet, c'est qu'elle doit vous parvenir. C'est ce qu'on appelle une "carte renversée", recevez-la ! Sinon, continuez en choisissant votre type de tirage ci-après.

Choix de tirage : Petit Totem

3

Disposez les cartes "Femme TOTEM®" face cachée devant vous comme vous le souhaitez. Posez la question suivante : "De quelle Femme TOTEM® ai-je le plus besoin ?" puis tirez celle qui vous appelle instinctivement.

4

Cette "Femme TOTEM®" piochée vous transmet son pouvoir. Recherchez-le dans le second tas grâce à son numéro. Lisez-le à haute voix et entendez les mots qu'elle vous adresse pour mieux capter son énergie.

Exemple

"De quelle Femme TOTEM®
ai-je le plus besoin ?"

Petit Totem

• Tirage simple - 1 carte •

Choix de tirage : Grand Totem

3

Disposez les cartes "Femme TOTEM®" face cachée devant vous. Demandez-vous : "De quelle Femme TOTEM® ai-je besoin dans ma vie amoureuse ?" puis placez la carte tirée face cachée en haut à gauche. Faites de même pour les trois autres domaines de votre vie (voir ci-contre) et posez-les à la place indiquée.

4

Les "Femme TOTEM®" tirées vous apportent leurs énergies. Retrouvez-les dans les cartes "POUVOIR" grâce à leurs numéros. Lisez-les à haute voix et entendez les mots qu'elles vous adressent pour vous guider dans votre vie.

Exemple

"De quelle Femme TOTEM® ai-je besoin pour chaque domaine de ma vie ?"

Grand Totem

• Tirage spécifique - 4 cartes •

Comment se servir de votre tirage ?

Votre tirage représente ce dont vous avez besoin en ce moment. Il répond à ce qui vous manque pour traverser votre journée ou une période.

Procurez-vous votre Femme TOTEM® en portrait* ou en carte d'intention afin qu'elle vous guide au quotidien. Elle est un vrai totem sur lequel vous pouvez vous ancrer. Gardez-la près de vous le temps que son énergie vous ressource. Regardez-la à chaque fois que vous le jugez nécessaire pour **vous rappeler que vous êtes capable d'incarner sa valeur**.

*femmetotem.fr

Autres suggestions d'utilisation

Il est tout à fait possible de procéder à d'autres types de tirages.
Par exemple, vous pouvez également **inverser le sens** en piochant d'abord le pouvoir, puis rechercher la Femme TOTEM® correspondante.
N'hésitez pas à vous approprier cet oracle selon vos envies !

CERCLE PRIVÉ :
Entre amis, rituel d'intention
ou de nouvelle lune...

CERCLE DE FEMMES :
Retraite holistique, séjour bien-être...

CERCLE PROFESSIONNEL :
Coaching, thérapie, séminaire...

L'origine du Totem

Chez les anciens peuples d'Amérique du Nord, le mot "Totem" désignait deux éléments : la nature d'une relation (amicale, hiérarchique...) ou l'appartenance à un clan (affiliation à une tribu ou à une famille). La racine de ce mot avait donc une fonction identitaire et situait socialement celui qui l'employait au sein d'une société amérindienne. Au fil du temps, le totem prend des allures plus spirituelles et devient une représentation animale ou végétale. Petit à petit, il devient l'incarnation physique d'un symbole à travers des fabrications en terre ou en bois. Ces sculptures matérialisent le lien entre le monde des esprits et le monde des vivants. Son rôle se

place alors sous le signe de la protection et prend une dimension sacrée. On l'inclut dans les rites de passage ou cérémonies. À travers le monde, on retrouve le totémisme dans d'autres cultures comme les Aborigènes d'Australie ou chez les Dinka en Afrique. La pratique totémique a traversé le temps pour arriver jusqu'à notre civilisation. Aujourd'hui, on observe notamment l'utilisation du totem dans les coachings, thérapies, cercles de femmes ou rituels. Tel un repère, il ancre le présent et symbolise ce qui tient à cœur. Chez soi, il se dépose sur un autel ésotérique et donne un visage à la foi. Sa présence dans un foyer diffuse un sentiment d'appartenance à des valeurs piliers liant chaque membre de la famille. De curseur social à emblème, on s'approprie le totem pour se situer ou se ressourcer. En lui donnant un sens spirituel ou thérapeutique, il aide à se recentrer sur l'essentiel. Aujourd'hui encore, son appui guide vers la protection et l'épanouissement.

— Présentation de —

LA MARQUE

FEMME
TOTEM

Le concept

Une marque spirituelle à mi-chemin entre l'art et le développement personnel.

Une Femme TOTEM® est un dessin de femme qui représente un besoin émotionnel. Chacune d'elles nous aide à identifier nos ressentis afin de mieux gérer nos émotions.

En s'appropriant celles qui nous font du bien, on affiche ses priorités pour ne pas les oublier et on s'engage à mieux s'écouter au quotidien.

Laissez-vous porter par ce qu'elles vous inspirent.

Toute la tribu transmet son énergie sous forme de portrait, guide ou carte pour accompagner votre quête d'épanouissement.

Les portraits énergétiques

Une aquarelle à afficher

- Diffuse une énergie positive.
- Crée de la motivation.
- Apporte de l'originalité dans la décoration.

Les guides

Un livret pour s'informer

- Donne des conseils et outils concrets de développement personnel.
- Propose une cinquantaine de ressources variées.
- Aide à identifier facilement ses besoins.

Les cartes d'intention

Un mot à déposer

- Fait passer un message.
- Symbolise une envie.
- Oriente un rituel.

Pour aller plus loin !

APPRENEZ À MIEUX VOUS ÉCOUTER !

Faites le test en ligne pour identifier vos besoins émotionnels.

~

Puis découvrez les femmes totems à afficher chez vous afin de ne pas oublier d'y répondre au quotidien.

FEMME
TOTEM

— Côté —

COULISSES

Comment est fabriqué un portrait Femme Totem ?

FAIT À LA MAIN
(Dessin - Aquarelle - Encre)

+

TOUCHE GRAPHIQUE
(Customisation - Décor - Valeur)

Fait avec amour
en France

Qui mène la tribu ?

Des sœurs jumelles

JULIE

- J'écris
- J'aime le contraste
- Je pense le fond
- J'utilise mon esprit

SARAH

- Je dessine
- J'aime la douceur
- Je conçois la forme
- J'utilise mon intuition

Découvrez notre univers et notre histoire sur :

femmetotem.fr

Gratitude

– Tribu –

FEMME TOTEM®

Les portraits

À retrouver sur femmetotem.fr

Vous avez besoin de plus de sérénité dans votre quotidien pour en redécouvrir les plaisirs. Vous vous sentirez en sécurité partout lorsqu'elle vivra pleinement à l'intérieur de vous. Œuvrez pour apaiser votre anxiété en prenant le temps de connaître son origine. En l'accueillant, vous lui frayez petit à petit un chemin vers son départ. Ces prochains jours, ralentissez le rythme et communiquez dans le calme. Prenez le temps de ressentir les sensations de l'instant T pour vous détacher des pensées envahissantes.

Pour incarner ma femme totem au quotidien :

- Je range un espace pour le désencombrer
- Je prends trois grandes respirations
- Je cherche à comprendre mes peurs
- Je fais de la méditation ou du sport
- Je garde son portrait ou sa carte d'intention près de moi

...

– Femme Totem –

SÉRÉNITÉ

Le portrait

En ce moment, vous avez besoin de solliciter votre courage. En l'incarnant davantage, vous arriverez à affronter vos peurs, des émotions compliquées ou parfois un simple manque d'énergie. Responsabilisez-vous en vous donnant le pouvoir d'agir pour ne plus subir. Gardez confiance en vos capacités face aux expériences difficiles. Quelles que soient leurs issues, elles sont toujours une source d'apprentissage qui vous fera grandir.

Pour incarner ma femme totem au quotidien :

- Je prends chaque étape l'une après l'autre
- Je m'inspire du parcours des autres
- Je décide de faire face à mes peurs
- J'accueille mes émotions difficiles
- Je garde son portrait ou sa carte d'intention près de moi

...

– Femme Totem –
COURAGE

Le portrait

Vous avez besoin de prendre du recul pour voir les choses dans leur globalité. La sagesse vous permettra d'observer avant de juger pour réagir avec bon sens. Une vue d'ensemble vous procurera une lecture plus fine de la situation. Suivez la raison et orientez votre écoute vers les autres avec empathie. Laissez le temps vous aider en évitant la précipitation. Équilibrez davantage vos prises de décisions entre patience et confiance en vous.

Pour incarner ma femme totem au quotidien :

- J'apprends de mes expériences
- Je réfléchis aux conséquences
- J'accepte d'attendre
- J'observe avec prudence
- Je garde son portrait ou sa carte d'intention près de moi

...

– Femme Totem –

SAGESSE

Le portrait

En ce moment, vous avez besoin d'une atmosphère sereine. La confiance vous aidera à lâcher prise pour vous décharger du poids du contrôle. Elle vous permettra aussi de vous connaître et de vous aimer davantage. Laissez-vous aller en toute sécurité car vous avez les ressources nécessaires. Accordez votre confiance à ceux qui la mérite et placez-la durablement en vous. Augmentez votre estime en vous donnant plus de crédibilité. Soyez sûre de qui vous êtes.

Pour incarner ma femme totem au quotidien :

- Je répète une phrase positive tous les matins
- Je m'entoure de personnes qui croient en moi
- Je regarde mon interlocuteur en face
- Je me fie à mes ressentis
- Je garde son portrait ou sa carte d'intention près de moi

...

– Femme Totem –

CONFIANCE

Le portrait

Vous avez besoin de vous entourer de plus de respect. Essentiel pour vivre ensemble, il garantit une forme de paix. Il s'honore sur une promesse, une mémoire, une loi ou lors d'un désaccord. Il veille aussi sur la nature lorsqu'il est présent dans la main de l'Homme. Prenez en considération ce qui vous entoure mais témoignez-le aussi envers vous-même. Estimez vos limites et exprimez-les pour poser un cadre. Accordez-vous sa marque pour vous préserver de son manque.

Pour incarner ma femme totem au quotidien :

- J'accepte la différence
- Je garde mon intégrité
- Je m'affirme avec politesse
- Je tiens mes engagements
- Je garde son portrait ou sa carte d'intention près de moi

...

5

– Femme Totem –
RESPECT

Le portrait

Il est temps de laisser de la place à votre sensibilité. En levant certaines barrières, elle pourra vous transmettre d'intenses messages. Elle vous fera découvrir des émotions à travers une œuvre, une histoire ou une passion. Écoutez davantage votre corps et votre cœur pour sentir les vibrations qui résonnent à l'intérieur. Équilibrez-la pour qu'elle devienne une partenaire solide. Sentez ses frissons, son appel ou ses larmes. Croyez en elle pour prendre confiance en vous.

Pour incarner ma femme totem au quotidien :

- Je m'ouvre à la compassion
- J'écoute mon intuition
- Je me concentre sur mes sensations
- J'exprime ma vulnérabilité
- Je garde son portrait ou sa carte d'intention près de moi

...

6

– Femme Totem –
SENSIBILITÉ

Le portrait

Il est temps de vous reposer sur votre foi. La croyance vous apportera de la spiritualité et donnera du sens à ce qui en manque. Elle sera un soutien sans faille et vous nourrira d'espérance. En vous connectant à d'autres dimensions plus subtiles, vous communiquerez davantage avec votre intuition. Croyez en vous et en votre capacité à rebondir. Soyez optimiste car tout arrive pour une bonne raison. Laissez-vous guider par les signes de la vie pour marcher sur un chemin plus serein.

Pour incarner ma femme totem au quotidien :

- Je crois au pouvoir de l'intention
- Je garde espoir
- Je travaille mes croyances limitantes
- J'utilise les oracles
- Je garde son portrait ou sa carte d'intention près de moi

...

– Femme Totem –

CROYANCE

Le portrait

En ce moment, vous avez besoin de plus de transparence dans votre vie. La vérité vous permettra de voir en face ce qu'on ne veut pas toujours regarder. En ouvrant les yeux sur vous-même, vous resterez alignée à qui vous êtes. Près des autres, la sincérité vous fera gagner en crédibilité à condition qu'elle soit bienveillante. Essayez de dire la vérité dans un contexte propice à son accueil. Assumez-vous davantage sans avoir peur de décevoir et vivez à votre juste place.

Pour incarner ma femme totem au quotidien :

- Je respecte ma vérité et celle des autres
- Je prends mes responsabilités
- J'assume mes besoins
- Je dis ce que je pense avec tact
- Je garde son portrait ou sa carte d'intention près de moi

...

8

– Femme Totem –

VÉRITÉ

Le portrait

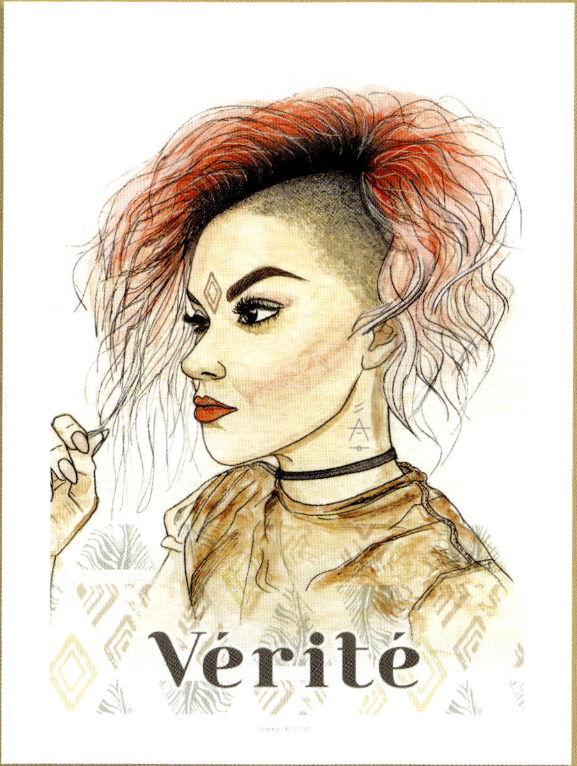

Laissez libre cours à votre inventivité pour imaginer la vie qui vous correspond. La créativité vous permettra de concrétiser vos envies hors des sentiers battus. En l'exprimant par l'art, elle vous aidera à gérer vos émotions. Détachez-vous des formatages qui peuvent vous limiter et osez dépasser les lignes de la perfection. Laissez-vous porter par vos idées et concrétisez-les avec originalité pour apporter un côté ludique à votre vie.

Pour incarner ma femme totem au quotidien :

- J'ose ne pas faire comme les autres
- Je fais une activité artistique
- Je change mes habitudes
- Je crée un petit projet
- Je garde son portrait ou sa carte d'intention près de moi

...

– Femme Totem –

CRÉATIVITÉ

Le portrait

À partir d'aujourd'hui, autorisez le rêve à entrer dans votre réalité. Il vous guidera vers ce qui vous fait vibrer en vous animant de passion. Au cœur d'une bonne nuit, il rendra votre sommeil réparateur. Il est souvent un message de votre inconscient ou de votre enfant intérieur. Soyez toujours à l'écoute de vos rêves et laissez-les s'exprimer. Entourez-vous de ceux qui vous aideront à les concrétiser. N'ayez pas peur de les réaliser pour mettre des étoiles dans vos yeux qui ne demandent qu'à briller.

Pour incarner ma femme totem au quotidien :

- Je bois une infusion propice au sommeil
- Je fais une "Dream list"
- Je dors dans une chambre Feng Shui
- Je concrétise mes ambitions
- Je garde son portrait ou sa carte d'intention près de moi

...

– Femme Totem –

RÊVE

Le portrait

Si vous avez un projet qui vous tient à cœur, persistez pour le faire vivre. Face aux difficultés d'un parcours, la persévérance vous aidera à gagner en endurance. Elle entretiendra votre motivation et votre foi tout au long du chemin. Elle vous redonnera de l'énergie et du courage. Faites preuve de détermination et de patience. Restez constante et calme. Si vous voyez un échec, transformez-le en opportunité d'apprendre pour vous mener petit à petit au succès.

Pour incarner ma femme totem au quotidien :

- J'apprends des difficultés pour m'adapter
- Je garde confiance
- Je demande de l'aide
- Je suis patiente
- Je garde son portrait ou sa carte d'intention près de moi

...

– Femme Totem –

PERSÉVÉRANCE

Le portrait

Vous avez besoin de vous relier à plus de simplicité. Dans vos choix ou à travers une pause, elle vous permettra de calmer les petits tourbillons de la vie. En restant connectée à ce qui compte le plus pour vous, vous garderez la tête sur les épaules. À partir d'aujourd'hui, éloignez-vous de ce qui parasite votre bonheur. Ressentez les plaisirs simples pour vous ressourcer. Prenez conscience de votre chance pour vous nourrir de gratitude.

Pour incarner ma femme totem au quotidien :

- Je me sépare du superflu
- Je me connecte à la nature
- Je ressens de la gratitude pour ce que j'ai
- Je laisse parler mon naturel
- Je garde son portrait ou sa carte d'intention près de moi

...

– Femme Totem –
SIMPLICITÉ

Le portrait

Vous avez besoin d'éveiller votre esprit. La curiosité est le début d'un voyage. Elle vous suggérera des horizons pour nourrir un nouvel appétit. Son aventure vous proposera un élan de changement. En vous mettant sur la voie de la recherche, elle vous donnera la possibilité d'évoluer. Laissez-la vous stimuler et intéressez-vous aux autres. Remettez-vous en question pour vous renouveler vers ce qui vous fait vibrer. Sortez des sentiers battus et regardez le monde avec les yeux de la découverte.

Pour incarner ma femme totem au quotidien :

- Je m'intéresse à ce qui intéresse les autres
- J'apprends de nouvelles compétences
- J'essaye une nouvelle activité
- Je lis un nouveau livre
- Je garde son portrait ou sa carte d'intention près de moi

...

– Femme Totem –

CURIOSITÉ

Le portrait

Faites davantage confiance à votre intuition. Elle perçoit ce qui ne se voit pas et vous transmet des messages importants. Elle s'exprime pour vous guider vers ce qui vous correspond. Elle sait mieux que personne ce qui est bon pour vous et vous protégera en toutes circonstances. Votre corps, vos émotions et votre énergie sont les capteurs de ce qu'elle a à vous dire. Connectez-vous le plus possible à vos ressentis pour comprendre ses signaux bienveillants.

Pour incarner ma femme totem au quotidien :

- Je suis attentive à mes sensations
- J'écoute ma « petite voix » intérieure
- J'accueille mes émotions
- Je décrypte mes rêves
- Je garde son portrait ou sa carte d'intention près de moi

...

14

— Femme Totem —

INTUITION

Le portrait

Vous avez besoin de prendre soin de vous autant que des autres. Entourez-vous davantage de bienveillance pour adoucir votre vie. Son instinct protecteur vous aidera à mieux vous accepter et à veiller sur ceux que vous aimez par de petites attentions. À partir d'aujourd'hui, soyez indulgente avec vous-même et accompagnez vos pensées avec un maximum de tendresse. Estimez-vous digne de cet amour pour l'accueillir pleinement dans votre quotidien.

Pour incarner ma femme totem au quotidien :

- Je pratique l'autocompassion
- Je demande à un proche s'il a besoin d'aide
- Je suis attentionnée
- Je communique avec douceur
- Je garde son portrait ou sa carte d'intention près de moi

...

15

– Femme Totem –

BIENVEILLANCE

Le portrait

C'est le moment de mettre des étoiles dans vos yeux. La beauté vous aidera à exprimer votre singularité. Si elle vous représente et vous rend heureuse, elle embellira votre énergie. Prenez soin de votre corps et de votre cœur pour émaner une aura épanouie. Ouvrez les yeux pour admirer toute la beauté qui vous entoure. Un geste, un mot, un sourire ou un paysage, soyez attentive à sa présence. Replacez de l'émerveillement dans vos activités. Si votre esprit le regarde, il y en aura toujours autour de vous.

Pour incarner ma femme totem au quotidien :

- Je contemple un paysage qui me touche
- Je m'habille avec le style qui me correspond
- Je relève la beauté des petites choses
- Je prends soin de moi
- Je garde son portrait ou sa carte d'intention près de moi

...

– Femme Totem –
BEAUTÉ

Le portrait

À partir de maintenant, comblez votre cœur de gratitude. Elle vous aidera à ouvrir les yeux sur la richesse de la vie. Vous regarderez la présence plutôt que l'absence. En tenant le manque à distance, vous vivrez dans la prospérité. Soyez heureuse d'un rien pour vous satisfaire de tout. Distribuez les mercis pour souligner le positif et mesurez la chance d'avoir ce que vous avez. Cultivez la générosité en la déposant dans le cœur des autres pour vous nourrir de ses bienfaits.

Pour incarner ma femme totem au quotidien :

- Je retiens les aspects positifs
- Je tiens un carnet de gratitude
- J'apprécie les choses simples
- Je remercie souvent
- Je garde son portrait ou sa carte d'intention près de moi

...

17

– Femme Totem –

GRATITUDE

Le portrait

Vous avez besoin de vous reconnecter à la nature. Cette dame vous apportera sa sagesse. Elle vous reliera à vous-même et aux autres car elle apprend à observer. Grâce à elle, rien ne se perd, tout se transforme. Lâchez le contrôle en acceptant l'idée qu'elle puisse prendre ou donner. Puisez votre énergie dans sa puissance créatrice en vous ressourçant auprès de la terre, du feu, de l'air et de l'eau. Dans une période de mouvement, recentrez-vous sur l'essentiel et dans votre quotidien assumez la nature de votre caractère.

Pour incarner ma femme totem au quotidien :

- J'exprime ma personnalité avec respect
- J'accepte le changement
- Je mange des aliments de saison
- Je me balade en forêt
- Je garde son portrait ou sa carte d'intention près de moi

...

– Femme Totem –
NATURE

Le portrait

Vous avez besoin de délester votre esprit. La légèreté vous permettra de survoler les petits tracas pour mieux les accepter. En relativisant sur ce qui n'a pas de gravité, vous vous allégerez. Laissez petit à petit l'humour vous faire rire davantage. Essayez de vivre vos journées dans leur aspect éphémère en vous détachant d'une certaine rigidité. Autorisez vos envies à s'exprimer et redessinez les contraintes de votre quotidien pour le rendre plus flexible.

Pour incarner ma femme totem au quotidien :

- Je prends moins les choses à cœur
- Je m'amuse plus souvent
- J'accueille l'imprévu en m'adaptant
- Je me concentre sur l'instant T
- Je garde son portrait ou sa carte d'intention près de moi

...

19

– Femme Totem –
LÉGÈRETÉ

Le portrait

L'estime est la petite sœur de l'amour. C'est un curseur qui vous aidera à vous considérer ou à mesurer une relation. Elle évalue l'importance du soi ou des autres. Bien dosée, elle permet de cohabiter avec l'ego sans le laisser prendre toute la place. Elle vous aidera à poser vos limites. N'ayez pas peur de dire non fermement ou de dire oui librement. Développez votre confiance en vous et chouchoutez-vous. Faites de vous une priorité sans marcher sur celles des autres.

Pour incarner ma femme totem au quotidien :

- Je décide de croire en moi
- Je profite de mes moments de solitude
- Je me trouve cinq qualités
- Je m'encourage sans jugement
- Je garde son portrait ou sa carte d'intention près de moi

...

20

– Femme Totem –

ESTIME

Le portrait

Cette période est propice pour trouver votre équilibre. Il prendra soin de vous en vous préservant des abus. Il vous permettra de répondre à vos besoins tout en écoutant ceux des autres. En étant à la juste place, vous gagnerez en sagesse mais aussi en sérénité. Acceptez vos dualités pour mieux trouver le point d'équilibre. Mesurez les excès et ajustez le rythme de votre quotidien. Dosez les quantités pour satisfaire votre corps, votre cœur et votre charge mentale.

Pour incarner ma femme totem au quotidien :

- J'équilibre mon alimentation
- Je tempère mes émotions
- Je répartis mon temps de façon équitable
- J'ai des relations saines
- Je garde son portrait ou sa carte d'intention près de moi

...

– Femme Totem –

ÉQUILIBRE

Le portrait

Vous avez besoin d'incarner qui vous êtes. La singularité apaisera votre relation avec vous-même. Elle vous aidera à vous accepter avec les spécificités qui vous caractérisent. Lorsque vous comprendrez la vôtre, vous accueillerez davantage celle des autres. Elle vous donnera de la valeur et vous n'aurez plus besoin de vous comparer. Explorez-vous pour vous rencontrer. Exprimez vos envies et suivez votre cœur car il sait mieux que personne ce qui est fait pour vous.

Pour incarner ma femme totem au quotidien :

- J'accepte mon originalité ou ma différence
- Je fais les choix qui me correspondent
- J'assume mes goûts vestimentaires
- J'apprends à me connaître
- Je garde son portrait ou sa carte d'intention près de moi

...

– Femme Totem –

SINGULARITÉ

Le portrait

Vous avez besoin de vous reconnecter à votre enfant intérieur. L'insouciance vous aidera à le laisser s'exprimer en faisant résonner le rire dans votre vie. Elle vous permettra de lâcher prise pour vivre dans le monde de l'amusement. Entourée de joie, vous vous ressourcerez de son énergie. Abandonnez-vous à votre créativité et laissez-vous guider dans cette récréation. Profitez des délices de la vie sans soucis mais sans toutefois tomber dans la naïveté.

Pour incarner ma femme totem au quotidien :

- J'exprime ma fantaisie
- Je suis optimiste
- Je me lance des challenges
- Je délaisse les préjugés
- Je garde son portrait ou sa carte d'intention près de moi

...

– Femme Totem –

INSOUCIANCE

Le portrait

Vous avez besoin de vous reconnecter à votre féminité. Au-delà de la beauté, elle apportera plus de délicatesse dans vos gestes et de la finesse dans vos mots. En comprenant mieux votre féminin sacré, vous vivrez davantage en harmonie. Elle vous permettra aussi de vous relier à la puissance de la sororité. Libérez vous des codes et décidez par vous-même de rencontrer ou non la maternité. Développez votre énergie yin et assumez votre vulnérabilité lorsqu'elle s'exprime car c'est ce qui fera votre force.

Pour incarner ma femme totem au quotidien :

- J'exprime ma sensibilité
- J'explore ma sexualité avec respect
- Je porte des vêtements élégants
- Je communique avec douceur
- Je garde son portrait ou sa carte d'intention près de moi

...

– Femme Totem –
FÉMINITÉ

Le portrait

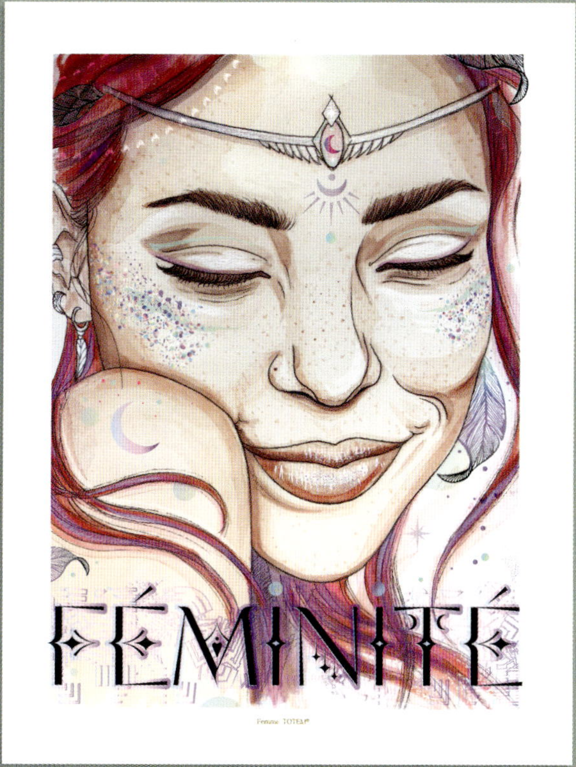

Vous avez besoin de résilience. Elle vous aidera à accepter les petits comme les grands changements. En vous délivrant des poids du passé, elle vous permettra de vivre dans un présent plus apaisé. Parfois, elle aide une cicatrisation et participe à une renaissance. Tantôt arme, tantôt bouclier, elle révélera votre force intérieure. Surmontez les épreuves avec son soutien. Grandissez avec les expériences de votre chemin. Autorisez-vous à guérir par l'acceptation et l'apprentissage.

Pour incarner ma femme totem au quotidien :

- J'exprime mes émotions difficiles
- Je cultive ma spiritualité
- Je m'adapte face aux changements
- Je me laisse du temps
- Je garde son portrait ou sa carte d'intention près de moi

...

— Femme Totem —

RÉSILIENCE

Le portrait

Vous avez besoin de croire en votre puissance. Si elle est une clé, elle vous fera toutefois comprendre que c'est à vous d'ouvrir les portes. Elle vous en donnera le pouvoir et la capacité. Elle vous impliquera dans l'action en vous détachant de l'observation. Prenez vos responsabilités car vous êtes la seule à vous limiter. Avec patience et respect, vous pouvez avoir la vie dont vous rêvez. Ayez foi en vous sans perdre votre humilité. Soutenez ceux qui vous entoure et transmettez votre solidité.

Pour incarner ma femme totem au quotidien :

- Je garde confiance en moi
- Je sais me remettre en question
- J'ose aller à contre-courant
- J'établis un plan d'action
- Je garde son portrait ou sa carte d'intention près de moi

...

26

– Femme Totem –
PUISSANCE

Le portrait

À partir d'aujourd'hui, orientez votre esprit vers plus de positivité. Contrairement aux apparences, cette valeur permet de mieux accueillir le négatif. Loin de le nier, elle vous aidera à l'intégrer pour mieux l'évacuer. Son optimisme vous accompagne dans l'acceptation pour continuer d'avancer. Si parfois vous perdez le sourire, vous pouvez toujours compter sur elle pour le retrouver. Continuez de croire en vous et entourez-vous des personnes qui vous soutiennent.

Pour incarner ma femme totem au quotidien :

- J'accepte aussi les émotions désagréables
- Je me maintiens en forme
- Je m'entoure de personnes bienveillantes
- Je relativise
- Je garde son portrait ou sa carte d'intention près de moi

...

— Femme Totem —

POSITIVITÉ

Le portrait

Vous avez besoin de vous envoler vers de nouveaux horizons. La liberté vous emmènera là où vous voulez être. En levant les contraintes de votre esprit, elle vous permettra de révéler votre vraie identité. Elle vous donnera de l'autonomie sans vous couper du monde qui vous entoure. Nuancez-la toujours de respect pour ne pas empiéter sur celle des autres. Déconstruisez vos schémas et affranchissez-vous des codes pour libérer vos envies. Exprimez enfin votre plein potentiel.

Pour incarner ma femme totem au quotidien :

- Je m'habille comme je le souhaite
- Je fais mes propres choix
- Je choisis des moments de solitude
- J'ose m'exprimer sans peur
- Je garde son portrait ou sa carte d'intention près de moi

...

— Femme Totem —

LIBERTÉ

Le portrait

Il est peut-être temps de déposer ce qui vous pèse. Grâce à l'indulgence, le pardon offre l'opportunité de se réconcilier avec soi ou avec l'autre. En acceptant le passé, vous serez dans un présent plus lumineux. Sans oublier, vous pourrez néanmoins libérer vos émotions difficiles. Prenez votre temps pour emprunter ce chemin et évoluer petit à petit vers la sérénité. Faites-vous le cadeau d'une vie plus apaisée en pardonnant les erreurs ou les faiblesses. Acceptez l'ombre avec votre lumière.

Pour incarner ma femme totem au quotidien :

- J'accepte le passé que je ne peux pas changer
- Je visualise une scène de réconciliation
- Je me concentre sur le positif du présent
- J'écris ma colère sur papier
- Je garde son portrait ou sa carte d'intention près de moi

...

— Femme Totem —
PARDON

Le portrait

C'est le moment de donner. La générosité vous permettra de partager votre bonne énergie. Vous distribuerez les richesses du cœur sans lui en enlever. En faisant le bien autour de vous, vous pourrez même ressentir de la fierté. Elle vous unira aux autres grâce à la fraternité et la sororité. Exprimez votre bonté et communiquez votre amour. Aidez ceux qui le demande en leur donnant votre écoute ou votre temps. Soyez disponible sans vous oublier pour autant.

Pour incarner ma femme totem au quotidien :

- Je fais un don à une association
- Je communique ma bonne humeur
- J'aide un proche
- Je fais plaisir à une amie
- Je garde son portrait ou sa carte d'intention près de moi

...

— Femme Totem —

GÉNÉROSITÉ

Le portrait

En ce moment, vous avez besoin d'amour. Si vous le nourrissez pour vous-même, ce sentiment vous aidera à vous sentir plus forte. En le rendant aux autres, vous le démultipliez. Il est directement relié au cœur et peut même changer son rythme. Il unit tout ce qu'il touche. Laissez-le vibrer à l'intérieur de vous et manifestez l'affection que vous ressentez. Développez-le par l'autocompassion et l'empathie. Bercez-vous de son pouvoir guérisseur pour apaiser une situation.

Pour incarner ma femme totem au quotidien :

- Je mets de la tendresse dans mes gestes
- Je dis des mots doux
- J'accepte les autres tels qu'ils sont
- Je (me) pardonne
- Je garde son portrait ou sa carte d'intention près de moi

...

— Femme Totem —

AMOUR

Le portrait

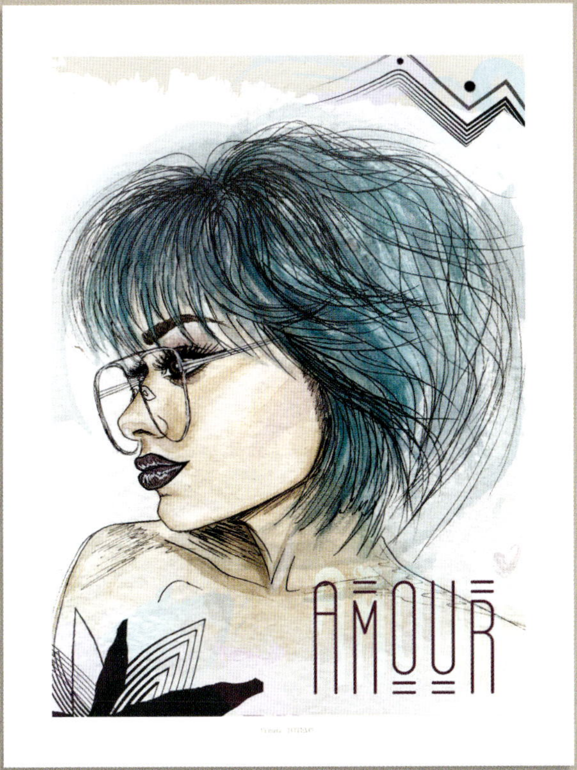

Vous avez besoin de temps. La patience vous apprendra à attendre le bon moment. Elle vous apportera plus de sagesse et vous éloignera de la colère. Sa lenteur vous aidera à vous poser les bonnes questions et trouver les bonnes réponses. Elle vous permettra d'être prudente sans être dans l'inaction. Portez-la à l'intérieur de vous pour mieux supporter l'extérieur. Repensez votre relation au temps et ralentissez la cadence avec sérénité.

Pour incarner ma femme totem au quotidien :

- Je respecte le rythme de chacun
- Je fais confiance au bon timing de la vie
- Je gère mes frustrations avec calme
- Je prends du temps pour moi
- Je garde son portrait ou sa carte d'intention près de moi

...

32

– Femme Totem –

PATIENCE

Le portrait

Vous avez besoin de faire évoluer votre esprit vers plus d'ouverture. Le Grand Esprit, carte la plus puissante du jeu, vous aidera à établir un lien entre les mondes. En recevant son pouvoir, il vous aidera à voir les signes subtils pour mieux comprendre la vie. Soyez attentive aux messages qu'on vous envoie. Faites une place au sacré, à la magie et à l'espoir. Déposez des bonnes intentions dans tous vos choix pour augmenter votre taux vibratoire. Prenez conscience que vous faites partie d'un tout plus puissant que l'individualité.

Pour incarner ma femme totem au quotidien :

- J'identifie et explore mes dons
- Je suis à l'écoute des signes et synchronicités
- Je recherche ma mission de vie
- J'utilise la lithothérapie
- Je communique avec mes guides

...

– Femme Totem –

GRAND ESPRIT

Si vous tirez sa carte, on cherche à vous communiquer un message. Cette Femme TOTEM® vous ouvre la porte des autres mondes et vous invite à élever davantage votre spiritualité.

Créée exclusivement pour l'oracle et non commercialisée.

Mes tirages :

Date : ....

État émotionnel avant le tirage :

....

....

....

Carte(s) tirée(s) : ....

....

....

....

Pensées ou sensations juste après le tirage :

....

....

....

....

Ce que je comprends des cartes par rapport à ma situation d'aujourd'hui : ....

....

....

....

....

....

....

Ce que j'ai compris des cartes quelques temps après : ....

....

....

....

....

....

....

Mes tirages :

Date : ....

État émotionnel avant le tirage :

....

....

....

Carte(s) tirée(s) : ....

....

....

....

Pensées ou sensations juste après le tirage :

....

....

....

....

Ce que je comprends des cartes par rapport à ma situation d'aujourd'hui : ....

....

....

....

....

....

....

Ce que j'ai compris des cartes quelques temps après : ....

....

....

....

....

....

....

Mes tirages :

Date : ....

État émotionnel avant le tirage :

....

....

....

Carte(s) tirée(s) : ....

....

....

....

Pensées ou sensations juste après le tirage :

....

....

....

....

Ce que je comprends des cartes par rapport à ma situation d'aujourd'hui : ....

....

....

....

....

....

....

Ce que j'ai compris des cartes quelques temps après : ....

....

....

....

....

....

....

Mes tirages :

Date : ....

État émotionnel avant le tirage :

....

....

....

Carte(s) tirée(s) : ....

....

....

....

Pensées ou sensations juste après le tirage :

....

....

....

....

Ce que je comprends des cartes par rapport à ma situation d'aujourd'hui : ....

....

....

....

....

....

....

Ce que j'ai compris des cartes quelques temps après : ....

....

....

....

....

....

....

Mes tirages :

Date : ....

État émotionnel avant le tirage :

....

....

....

Carte(s) tirée(s) : ....

....

....

....

Pensées ou sensations juste après le tirage :

....

....

....

....

Ce que je comprends des cartes par rapport à ma situation d'aujourd'hui : ....

....

....

....

....

....

....

Ce que j'ai compris des cartes quelques temps après : ....

....

....

....

....

....

....

58, rue Jean Bleuzen - 92178 Vanves Cedex

Textes & Illustrations conçus et mis en page par Femme TOTEM®
femmetotem.fr

 Imprimé en Chine.

Dépôt légal : juillet 2023
ISBN : 978-2-01-721632-2
85-5754-7